NATIONAL GEOGRAPHIC
School Publishing

T0302864

Nuestro lugar en el espacio

Bilal Jouhar

PICTURE CREDITS

Cover, 4 (all), 5 (above left), 7 (all), 9 (right), 14, 17 (below), 18 (left), 19 (all), 21 (left), NASA; 1, 2, 5 (right), 8, 10, 11, 12 (right), 13 (all), 15, 16, 17 (above and inset above), 18 (right), 20 (left), 21 (right), Photolibrary.com; 6–7, Guy Holt Illustration; 9 (left), 12 (left), Getty Images; 17 (right), APL/Corbis; 20 (right), AGStockUSA,Inc./Alamy.

Produced through the worldwide resources of the National Geographic Society, John M. Fahey, Jr., President and Chief Executive Officer; Gilbert M. Grosvenor, Chairman of the Board.

PREPARED BY NATIONAL GEOGRAPHIC SCHOOL PUBLISHING

Steve Mico, Executive Vice President and Publisher, Children's Books and Education Publishing Group; Marianne Hiland, Editor in Chief; Lynnette Brent, Executive Editor; Michael Murphy and Barbara Wood, Senior Editors; Nicole Rouse, Editor; Bea Jackson, Design Director; David Dumo, Art Director; Shanin Glenn, Designer; Margaret Sidlosky, Illustrations Director; Matt Wascavage, Manager of Publishing Services; Sean Philpotts, Production Manager.

SPANISH LANGUAGE VERSION PREPARED BY NATIONAL GEOGRAPHIC SCHOOL PUBLISHING GROUP

Sheron Long, CEO; Sam Gesumaria, President; Fran Downey, Vice President and Publisher; Margaret Sidlosky, Director of Design and Illustrations; Paul Osborn, Senior Editor; Sean Philpotts, Project Manager; Lisa Pergolizzi, Production Manager.

MANUFACTURING AND QUALITY MANAGEMENT

Christopher A. Liedel, Chief Financial Officer; George Bounelis, Vice President; Clifton M. Brown III, Director.

BOOK DEVELOPMENT

Ibis for Kids Australia Pty Limited.

SPANISH LANGUAGE TRANSLATION

Tatiana Acosta/Guillermo Gutiérrez

SPANISH LANGUAGE BOOK DEVELOPMENT

Navta Associates, Inc.

Published by the National Geographic Society
Washington, D.C. 20036-4688

Copyright © 2008 National Geographic Society. All rights reserved. Reproduction of the whole or any part of the contents without written permission from the publisher is prohibited. National Geographic, National Geographic School Publishing, National Geographic Windows on Literacy and the Yellow Border are registered trademarks of the National Geographic Society.

ISBN: 978-0-7362-3867-0

Printed in Canada

12 11 10 09 08

10 9 8 7 6 5 4 3 2

Contenido

Pensar y conversar

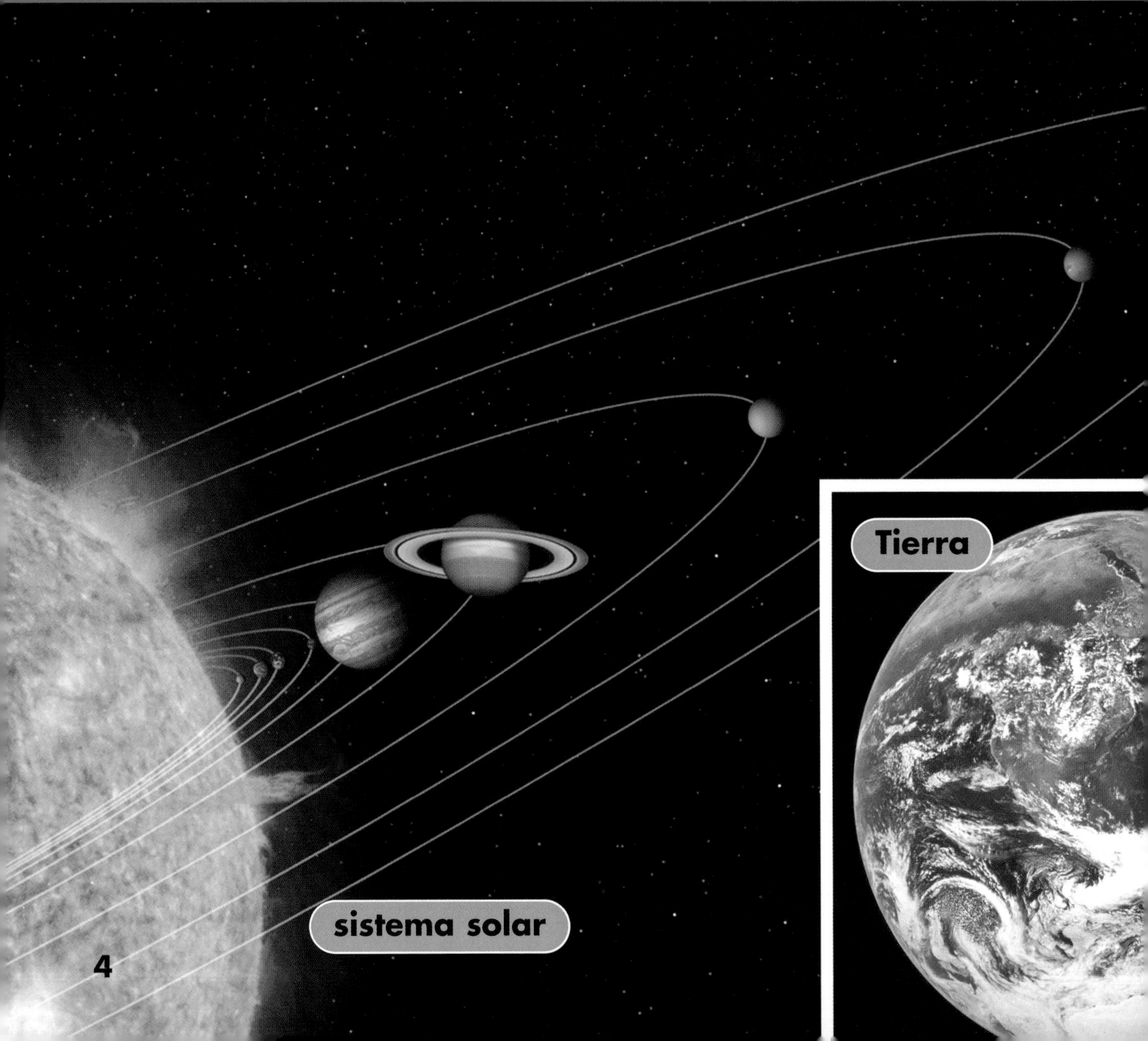

¿Qué saben de la Tierra y de nuestro sistema solar? ¿Qué otras cosas conocen del espacio?

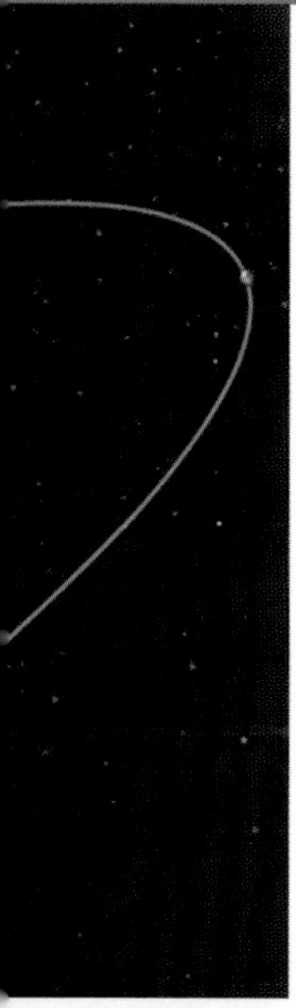

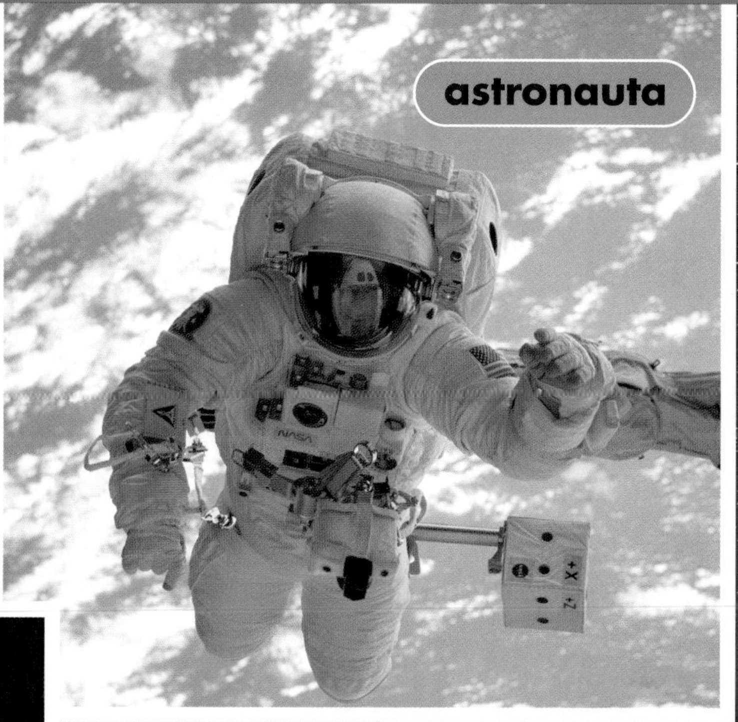

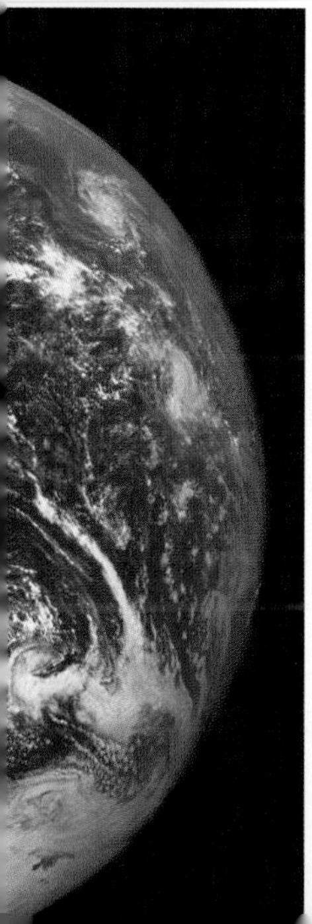

Nuestro planeta

Vivimos en la Tierra. La Tierra es un **planeta** que **orbita** alrededor del Sol. El Sol da a la Tierra luz y calor.

Al orbitar alrededor del Sol, la Tierra sigue un camino con forma de óvalo. La Tierra tarda unos 365 días, o un año, en completar una órbita alrededor del Sol.

Además de orbitar alrededor del Sol, la Tierra también **rota,** o gira. Al rotar, va cambiando la parte de la superficie de la Tierra iluminada por el Sol. En la parte de la Tierra que está frente al Sol es de día.

La luna terrestre

Nuestra Luna orbita alrededor de la Tierra. Para completar un giro alrededor de la Tierra, la Luna necesita unos 27 días.

La Luna no tiene luz propia. Parece que brilla porque refleja la luz del Sol. Sólo podemos ver la parte de la Luna que está iluminada por el Sol.

La **atmósfera** es el aire que rodea la Tierra. Impide que la Tierra se caliente o se enfríe demasiado. El aire, el agua, el calor y la luz hacen posible la vida en la Tierra.

La atmósfera terrestre proporciona el aire que las personas y los animales respiran.

Gran parte de la Tierra está cubierta de agua. Las personas, los animales y las plantas necesitan agua para sobrevivir.

La gravedad

La gravedad es una fuerza que atrae a los objetos hacia la Tierra. Nos mantiene en el suelo. Sin gravedad, los objetos de la Tierra flotarían.

En el espacio, la fuerza de la gravedad es más débil que en la Tierra. Por esta razón, los astronautas flotan en el espacio.

Nuestro sistema solar

La Tierra es sólo uno de los planetas de nuestro **sistema solar.** Hay otros siete planetas que orbitan alrededor del Sol. Los demás planetas son muy diferentes a la Tierra.

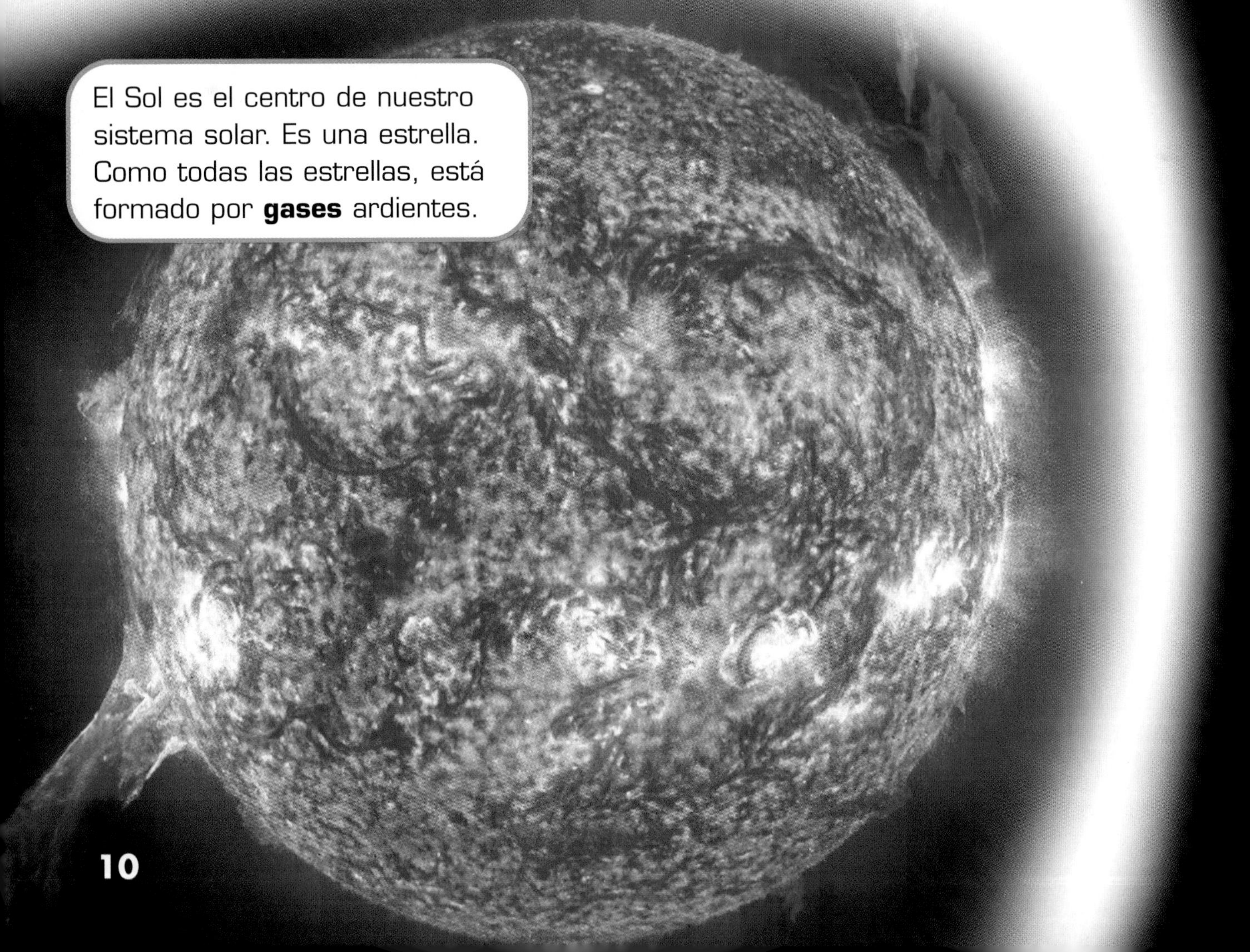

El Sol es el centro de nuestro sistema solar. Es una estrella. Como todas las estrellas, está formado por **gases** ardientes.

Mercurio es el planeta más cercano al Sol. Neptuno es el más lejano.

El planeta más grande

Júpiter es el planeta más grande de nuestro sistema solar. Es aproximadamente tan ancho como 11 Tierras. Júpiter está formado por gases. Es uno de los cuatro planetas conocidos como gigantes gaseosos. Los otros gigantes gaseosos son Saturno, Urano y Neptuno.

Además del Sol y los planetas, hay otros objetos en nuestro sistema solar. También hay asteroides, cometas y meteoroides.

Los asteroides son trozos de roca que orbitan alrededor del Sol.

Un cometa es una bola de hielo sucio con una cola de gas y polvo.

Un meteoroide es un pedazo de metal o roca que puede penetrar en la atmósfera de la Tierra. Al hacerlo, se calienta tanto que brilla.

Un meteoroide que alcanza la superficie de la Tierra recibe el nombre de meteorito. Este cráter lo hizo la caída de un meteorito hace miles de años.

Nuestra galaxia

Nuestro sistema solar forma parte de la **galaxia** Vía Láctea. En nuestra galaxia hay miles de millones de estrellas. También hay enormes nubes de gas y polvo.

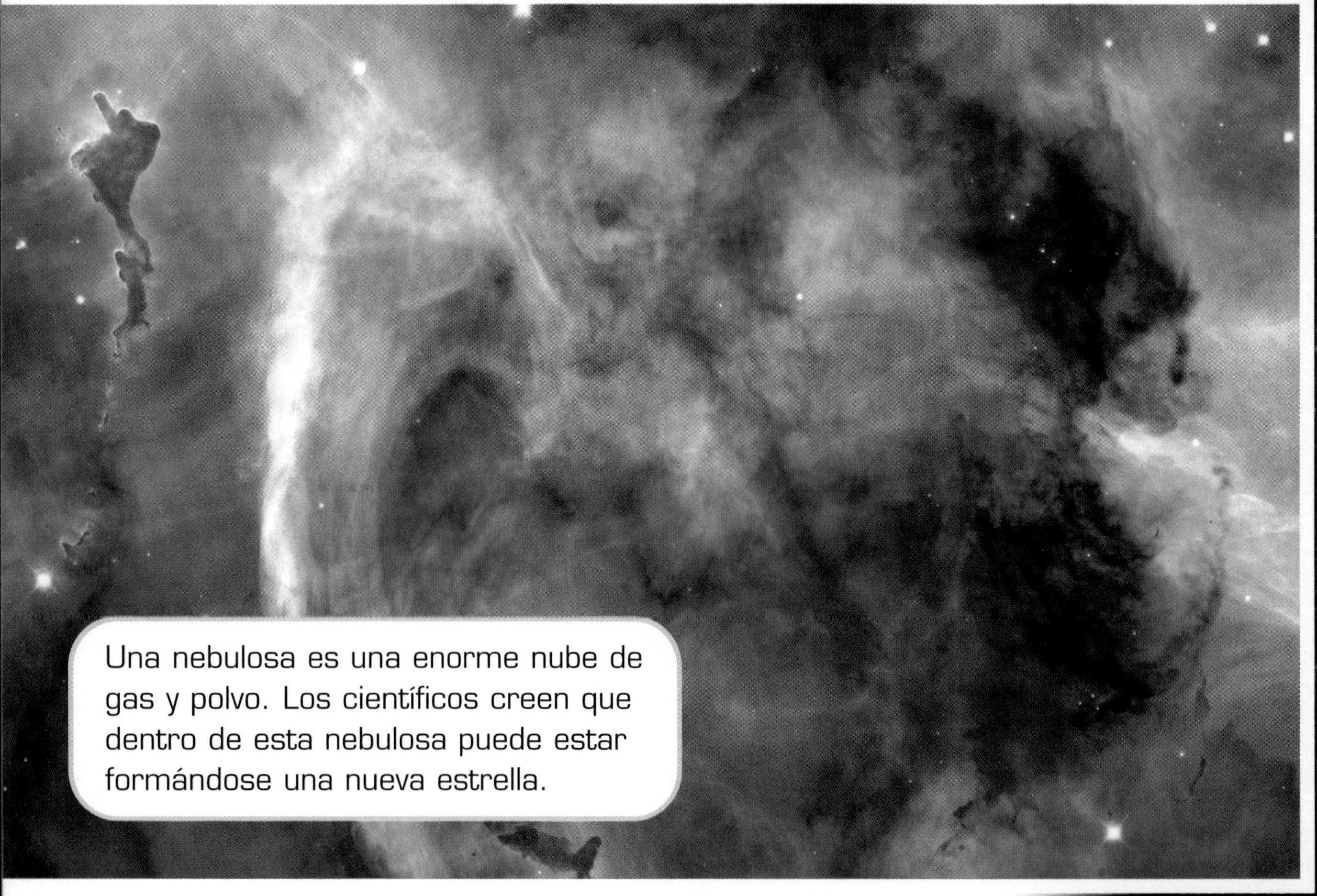

Una nebulosa es una enorme nube de gas y polvo. Los científicos creen que dentro de esta nebulosa puede estar formándose una nueva estrella.

La mayoría de las estrellas que vemos por la noche son parte de nuestra galaxia. Algunas estrellas están tan lejos que no podemos verlas.

La exploración del espacio

Los científicos usan telescopios para investigar nuestro sistema solar y nuestra galaxia. ¡Hay incluso un telescopio que orbita la Tierra!

Un telescopio permite ver más grandes las cosas lejanas. La gente usa telescopios para estudiar el espacio.

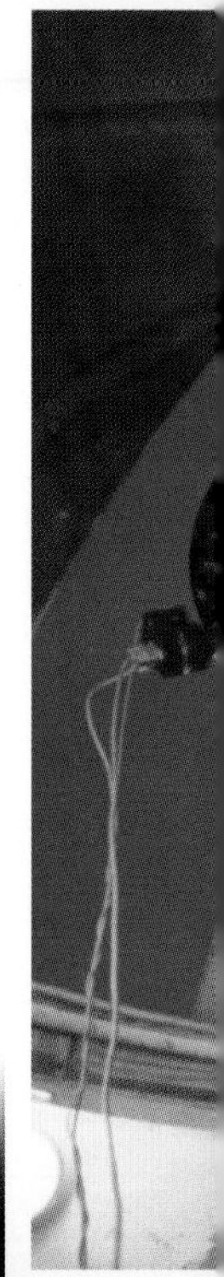

El telescopio espacial Hubble orbita la Tierra. Toma fotografías de objetos en el espacio y las envía a la Tierra.

Este potente telescopio está en un observatorio.

Galileo

Hace unos 400 años, Galileo Galilei fue la primera persona que usó un telescopio para observar el espacio. Lo usó para estudiar la Luna. Galileo fue la primera persona que vio que la superficie de la Luna tenía cráteres y montañas.

Los científicos también usan **naves espaciales** para explorar el espacio. A veces, en las naves espaciales viajan astronautas.

Las estaciones espaciales permiten que los seres humanos sobrevivan en el espacio durante meses.

A veces, los astronautas salen de la nave espacial. Fuera de la nave, los astronautas necesitan trajes especiales y un equipo de respiración para sobrevivir.

Este dibujo muestra un vehículo espacial construido para explorar la superficie de Marte.

Usar lo que aprendieron

Conversen sobre estas fotografías.
¿Qué saben sobre nuestro lugar en el espacio?

atmósfera

galaxia

orbitar

planeta

rotar

sistema solar

Glosario

CONCEPTO CLAVE

atmósfera (página 8)
Aire que rodea la Tierra
La atmósfera de la Tierra proporciona el aire que respiramos.

CONCEPTO CLAVE

galaxia (página 14)
Grupo grande de estrellas
Desde la Tierra podemos ver muchas de las estrellas de nuestra galaxia.

gas (página 10)
Sustancia que no tiene forma ni tamaño propios
El aire que respiramos se compone de gases.

nave espacial (página 18)
Vehículo que viaja al espacio
Los científicos pueden usar naves espaciales para explorar otros planetas.

CONCEPTO CLAVE

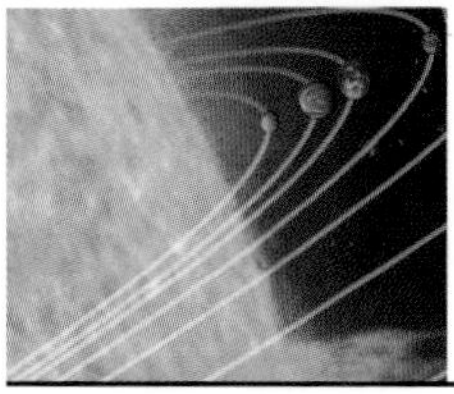

orbitar (página 6)
Moverse alrededor de un planeta o de una estrella
Mercurio es un planeta que orbita alrededor del Sol.

CONCEPTO CLAVE

planeta (página 6)
Objeto que orbita alrededor del Sol o de otra estrella
Júpiter es uno de los planetas de nuestro sistema solar.

CONCEPTO CLAVE

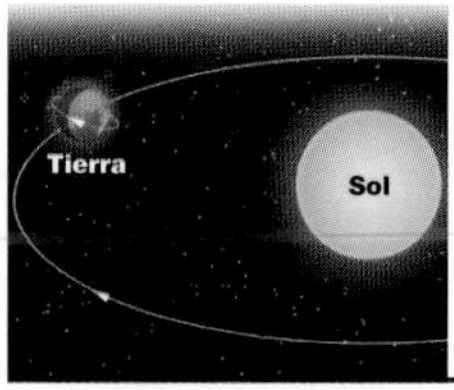

rotar (página 7)
Girar
El día y la noche existen debido a que la Tierra rota.

CONCEPTO CLAVE

sistema solar (página 10)
Grupo de planetas y otros objetos que orbitan alrededor de una estrella
Saturno es un planeta de nuestro sistema solar.

Índice